école - school 2
voyage - reis 5
transport - transport 8
ville - stad 10
paysage - landschap 14
restaurant - restaurant 17
supermarché - supermarkt 20
boissons - dranken 22
alimentation - eten 23
ferme - boerderij 27
maison - huis 31
salon - woonkamer 33
cuisine - keuken 35
salle de bain - badkamer 38
chambre d'enfant - kinderkamer 42
vêtements - kleding 44
bureau - kantoor 49
économie - economie 51
professions - beroepen 53
outils - gereedschap 56
instruments de musique - muziekinstrumenten 57
zoo - dierentuin 59
sports - sport 62
activités - activiteiten 63
famille - familie 67
corps - lichaam 68
hôpital - ziekenhuis 72
urgence - noodgeval 76
terre - aarde 77
...heure(s) - klok 79
semaine - week 80
année - jaar 81
formes - vormen 83
couleurs - kleuren 84
oppositions - tegenstellingen 85
nombres - getallen 88
langues - talen 90
qui / quoi / comment - wie / wat / hoe 91
où - waar 92

Impressum
Verlag: BABADADA GmbH, Nedderfeld 112 , 22529 Hamburg
Geschäftsführer / Verlagsleitung: Harald Hof
Druck: Books on Demand GmbH, In de Tarpen 42, 22848 Norderstedt

Imprint
Publisher: BABADADA GmbH, Nedderfeld 112 , 22529 Hamburg, Germany
Managing Director / Publishing direction: Harald Hof
Print: Books on Demand GmbH, In de Tarpen 42, 22848 Norderstedt

école

school

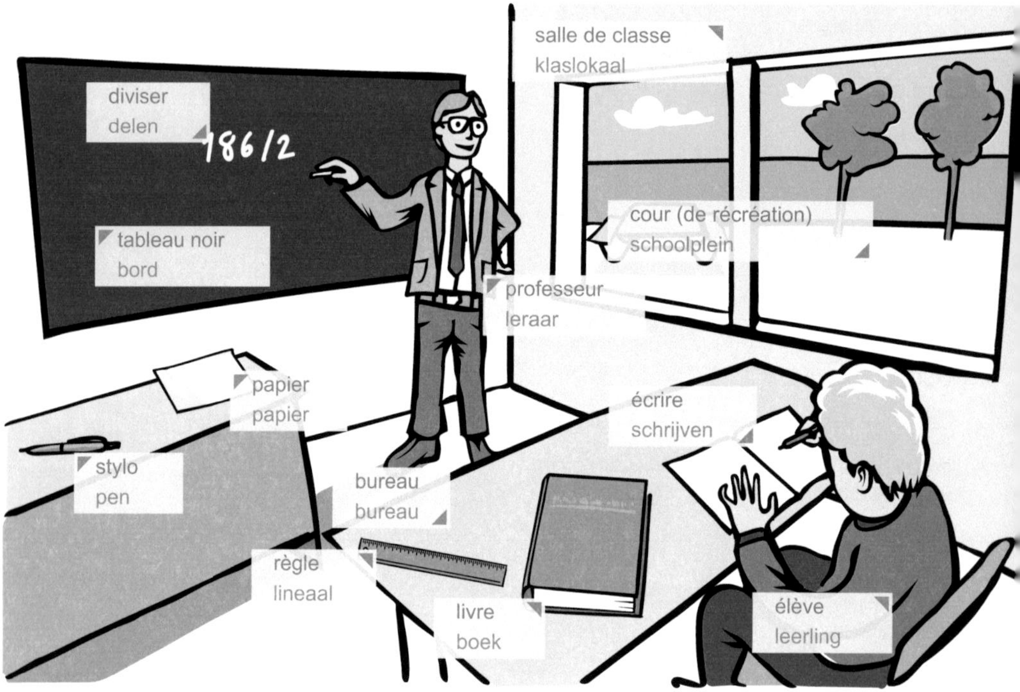

salle de classe
klaslokaal
diviser
delen
186/2
tableau noir
bord
cour (de récréation)
schoolplein
professeur
leraar
papier
papier
écrire
schrijven
stylo
pen
bureau
bureau
règle
lineaal
livre
boek
élève
leerling

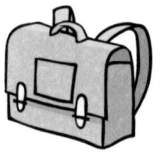

cartable

schooltas

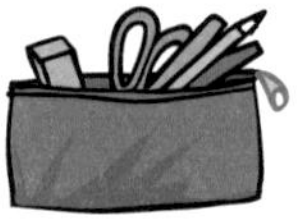

trousse

etui

crayon

potlood

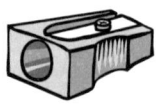

taille-crayon

puntenslijper

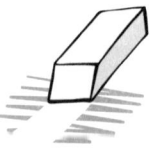

gomme

gum

carnet à dessin

schetsblok

dessin

tekening

pinceau

penseel

boîte de peinture

verfdoos

ciseaux

schaar

colle

lijm

cahier d'exercices

schrift

devoirs

huiswerk

chiffre

getal

additionner

optellen

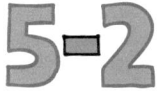

soustraire

aftrekken

multiplicr

vermenigvuldigen

calculer

rekenen

lettre

letter

alphabet

alfabet

mot

woord

texte

tekst

lire

lezen

craie

krijt

leçon

les

livre de classe

klassenboek

examen

examen

certificat

diploma

uniforme scolaire

schooluniform

formation

opleiding

lexique

encyclopedie

université

universiteit

microscope

microscoop

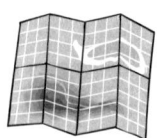

carte

kaart

corbeille à papier

prullenmand

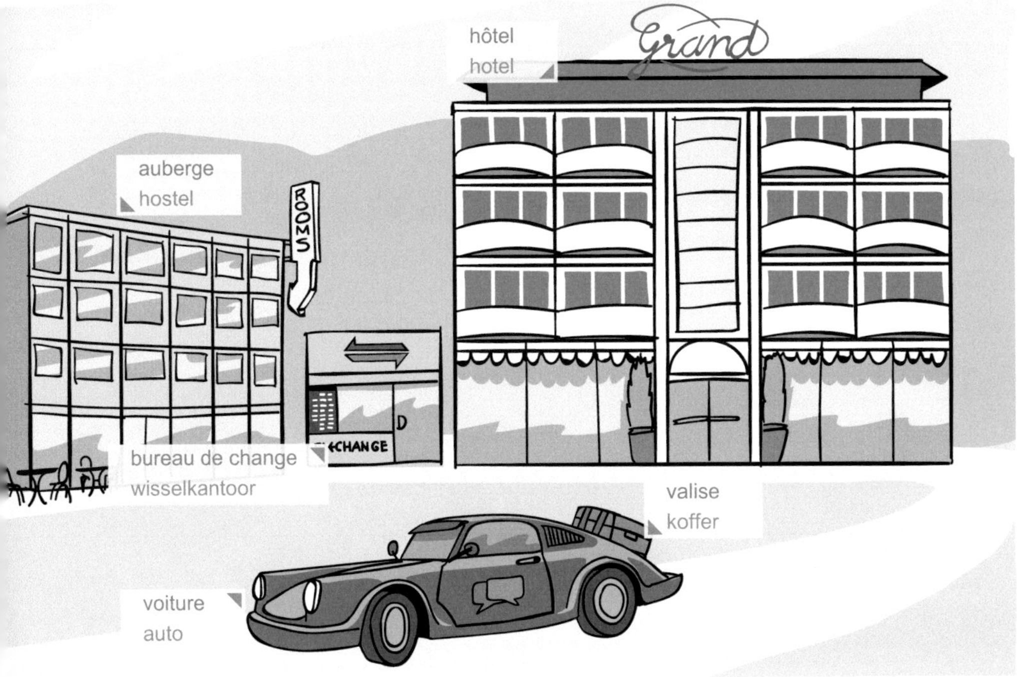

hôtel
hotel
Grand
auberge
hostel
ROOMS
bureau de change
wisselkantoor
valise
koffer
voiture
auto

langue

taal

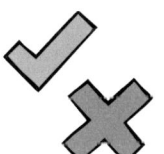

oui / non

ja / nee

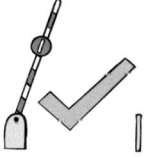

d'accord

oké

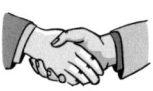

Salut

Hallo!

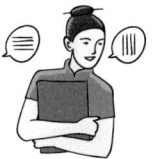

interprète

tolk

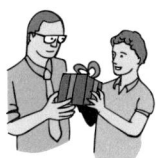

merci

Bedankt.

Combien coûte...?

Wat kost ...?

Je ne comprends pas

Ik begrijp het niet.

problème

probleem

Bonsoir !

Goedenavond!

Bonjour !

Goedemorgen!

Bonne nuit !

Goedenacht!

Au revoir

Tot ziens!

direction

richting

bagages

bagage

sac

tas

sac-à-dos

rugzak

hôte

gast

pièce

kamer

sac de couchage

slaapzak

tente

tent

office de tourisme

VVV-kantoor

plage

strand

carte de crédit

creditkaart

petit-déjeuner

ontbijt

déjeuner

lunch

dîner

diner

billet

kaartje

ascenseur

lift

timbre

postzegel

frontière

grens

douane

douane

ambassade

ambassade

visa

visum

passeport

paspoort

transport
transport

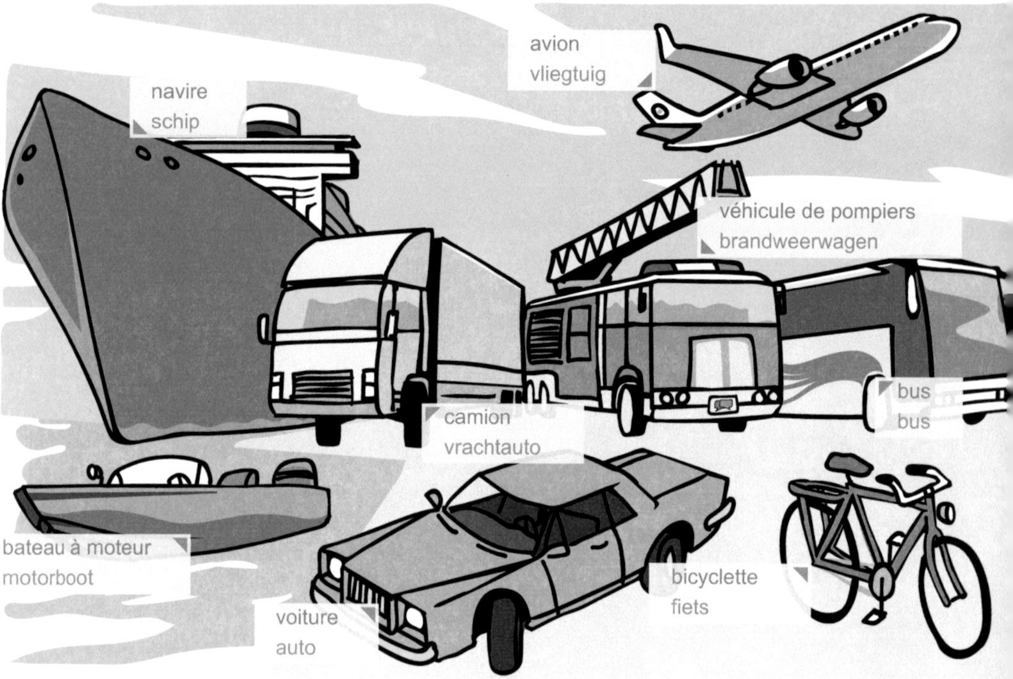

avion
vliegtuig
navire
schip
véhicule de pompiers
brandweerwagen
bus
bus
camion
vrachtauto
bateau à moteur
motorboot
bicyclette
fiets
voiture
auto

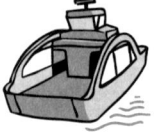

ferry

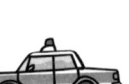

veerboot

barque

boot

moto

motorfiets

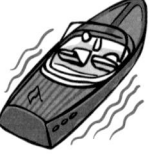

voiture de police

politiewagen

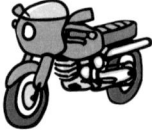

voiture de course

raceauto

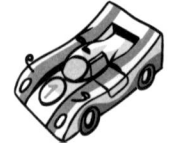

voiture de location

huurauto

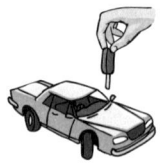

auto-partage
....
carsharing

voiture de remorquage
....
takelwagen

benne à ordures
....
vuilniswagen

moteur
....
motor

essence
....
benzine

station d'essence
....
benzinepomp

panneau indicateur
....
verkeersbord

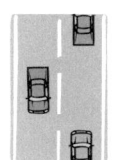

trafic
....
verkeer

embouteillage
....
file

parking
....
parkeerplaats

gare
....
station

rails
....
rails

train
....
trein

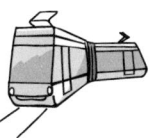

tramway
....
tram

wagon
....
wagon

hélicoptère

helikopter

aéroport

luchthaven

tour

toren

passager

passagier

conteneur

container

carton

verhuisdoos

chariot

kar

corbeille

mand

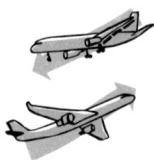

décoller / atterrir

opstijgen / landen

ville

stad

village

dorp

centre-ville

stadscentrum

maison

huis

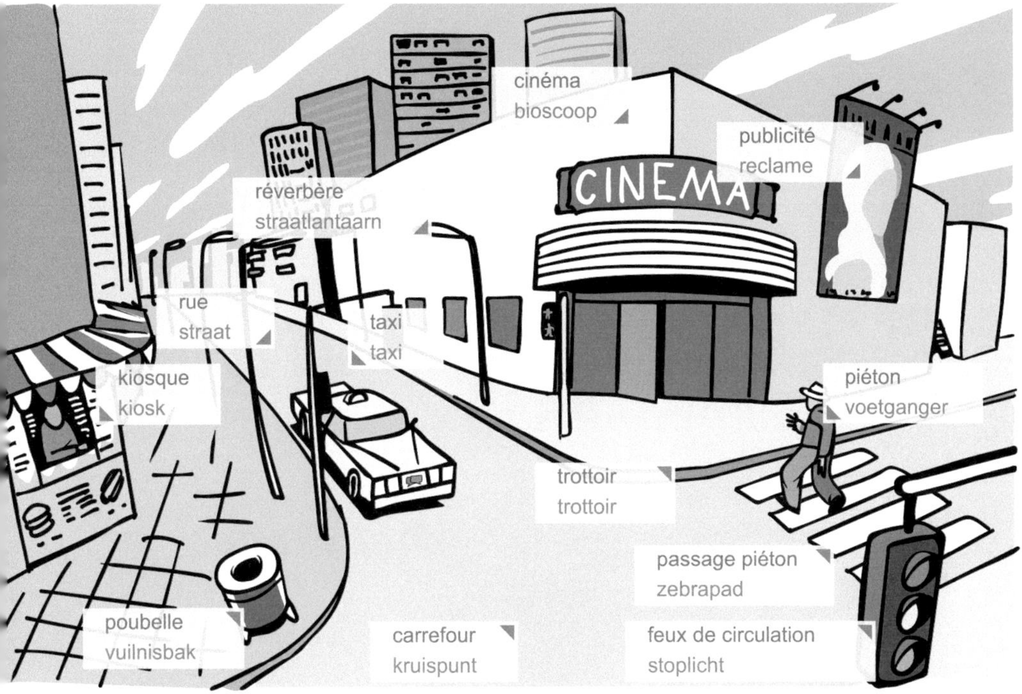

cinéma
bioscoop

publicité
reclame

réverbère
straatlantaarn

CINEMA

rue
straat

taxi
taxi

piéton
voetganger

kiosque
kiosk

trottoir
trottoir

passage piéton
zebrapad

poubelle
vuilnisbak

carrefour
kruispunt

feux de circulation
stoplicht

cabane
hut

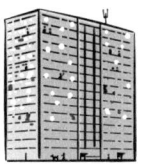

appartement
appartement

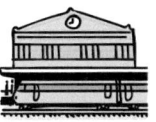

gare
station

mairie
stadhuis

musée
museum

école
school

ville - stad

université
universiteit

banque
bank

hôpital
ziekenhuis

hôtel
hotel

pharmacie
apotheek

bureau
kantoor

librairie
boekenwinkel

magasin
winkel

fleuriste
bloemenwinkel

supermarché
supermarkt

marché
markt

grand magasin
warenhuis

poissonnerie
visboer

centre commercial
winkelcentrum

port
haven

parc

park

banque

bank

pont

brug

escaliers

trap

métro

metro

tunnel

tunnel

arrêt de bus

bushalte

bar

bar

restaurant

restaurant

boîte à lettres

brievenbus

panneau indicateur

straatnaambord

parcmètre

parkeermeter

zoo

dierentuin

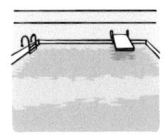

piscine

zwembad

mosquée

moskee

ferme

boerderij

pollution

vervuiling

cimetière

begraafplaats

église

kerk

aire de jeux

speelplaats

temple

tempel

paysage
landschap

feuille
blad

panneau indicateur
wegwijzer

chemin
weg

pré
weide

pierre
steen

randonneur
wandelaar

arbre
boom

rivière
rivier

herbe
gras

fleur
bloem

vallée

vallei

montagne

berg

lac

meer

forêt

bos

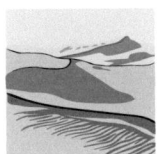

désert

woestijn

volcan

vulkaan

château

kasteel

arc-en-ciel

regenboog

champignon

paddenstoel

palmier

palmboom

moustique

mug

mouche

vlieg

fourmis

mier

abeille

bij

araignée

spin

coléoptère

kever

grenouille

kikker

écureuil

eekhoorn

hérisson

egel

lièvre

haas

chouette

uil

oiseau

vogel

cygne

zwaan

sanglier

wild zwijn

cerf

hert

élan

eland

barrage

stuwdam

éolienne

windmolen

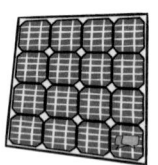

panneau solaire

zonnepaneel

climat

klimaat

serveur
ober

menu
menu

chaise
stoel

soupe
soep

pizza
pizza

couverts
bestek

nappe
tafelkleed

hors d'œuvre
voorgerecht

plat principal
hoofdgerecht

dessert
toetje

boissons
dranken

alimentation
eten

bouteille
fles

fast-food

fastfood

plats à emporter

eetkraampje

théière

theepot

sucrier

suikerpot

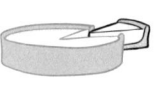

portion

portie

machine à expresso

espressomachine

chaise haute

kinderstoel

facture

rekening

plateau

dienblad

couteau

mes

fourchette

vork

cuillère

lepel

cuillère à thé

theelepel

serviette

servet

verre

glas

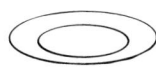

assiette

bord

assiette à soupe

soepbord

soucoupe

schotel

sauce

saus

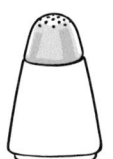

salière

zoutvaatje

moulin à poivre

pepermolen

vinaigre

azijn

huile

olie

épices

kruiden

ketchup

ketchup

moutarde

mosterd

mayonnaise

mayonaise

supermarché
supermarkt

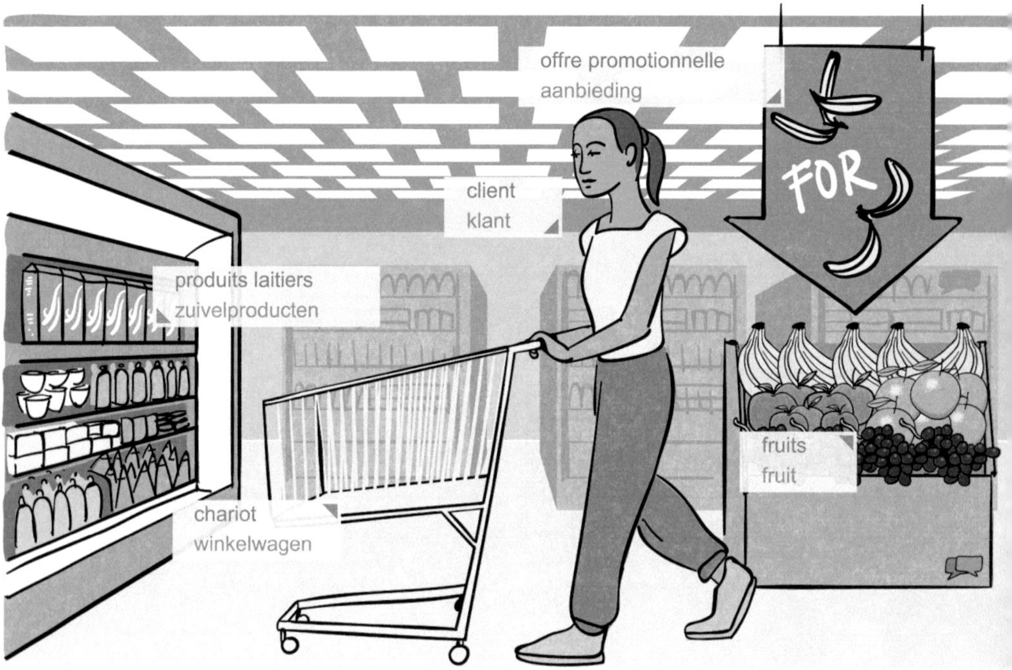

offre promotionnelle
aanbieding
FOR
client
klant
produits laitiers
zuivelproducten
fruits
fruit
chariot
winkelwagen

BUTCHERS

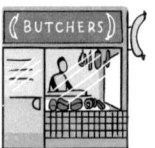

boucherie

slager

BAKERY

boulangerie

bakkerij

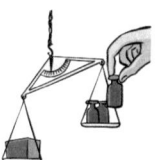

peser

wegen

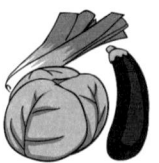

légumes

groente

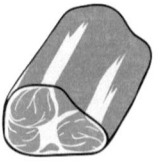

viande

vlees

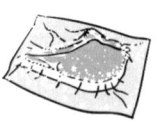

aliments surgelés

diepvriesproducten

charcuterie

vleeswaren

conserves

conserven

poudre à lessive

wasmiddel

bonbons

snoepgoed

articles ménagers

huishoudelijke artikelen

détergents

schoonmaakmiddel

vendeuse

verkoopster

caisse

kassa

caissier

kassier

liste d'achats

boodschappenlijstje

heures d'ouverture

openingstijden

portefeuille

portefeuille

carte de crédit

creditkaart

sac

tas

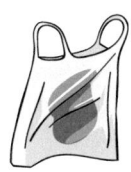

sac en plastique

plastic zak

eau

water

jus de fruit

sap

lait

melk

coca

cola

vin

wijn

bière

bier

alcool

alcohol

chocolat chaud

chocolademelk

thé

thee

café

koffie

expresso

espresso

cappuccino

cappuccino

banane

banaan

pomme

appel

orange

sinaasappel

melon

watermeloen

citron

citroen

carotte

wortel

ail

knoflook

bambou

bamboe

oignon

ui

champignon

paddenstoel

noisettes

noten

pâtes

pasta

spaghetti

spaghetti

riz

rijst

salade

salade

pommes frites

friet

pommes de terre rôties

gebakken aardappelen

pizza

pizza

hamburger

hamburger

sandwich

sandwich

escalope

schnitzel

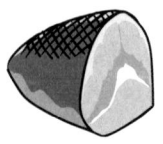

jambon

ham

salami

salami

saucisse

worst

poulet

kip

rôti

gebraad

poisson

vis

flocons d'avoine

havermout

muesli

muesli

cornflakes

cornflakes

farine

meel

croissant

croissant

petits-pains

broodjes

pain

brood

pain grillé

toast

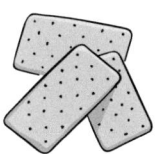

biscuits

koekjes

beurre

boter

le fromage blanc

kwark

gâteau

taart

œuf

ei

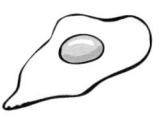

œuf au plat

gebakken ei

fromage

kaas

glace
ijs

sucre
suiker

miel
honing

confiture
jam

crème nougat
chocoladepasta

curry
kerrie

ferme
boerderij

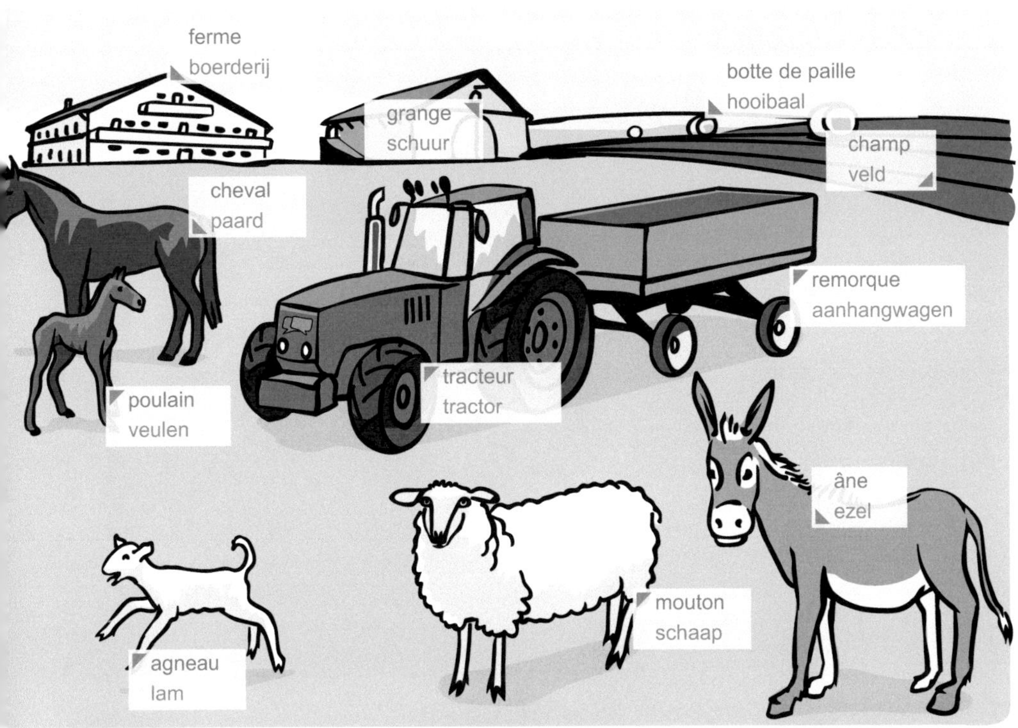

ferme
boerderij
grange
schuur
botte de paille
hooibaal
champ
veld
cheval
paard
remorque
aanhangwagen
tracteur
tractor
poulain
veulen
âne
ezel
mouton
schaap
agneau
lam

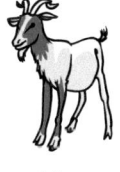

chèvre
geit

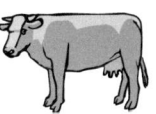

vache
koe

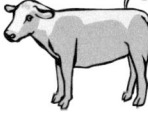

veau
kalf

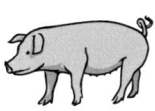

porc
varken

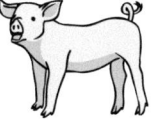

porcelet
big

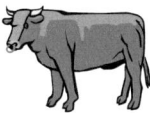

taureau
stier

oie

gans

canard

eend

poussin

kuiken

poule

kip

coq

haan

rat

rat

chat

kat

souris

muis

bœuf

os

chien

hond

chenil

hondenhok

tuyau de jardin

tuinslang

arrosoir

gieter

faucheuse

zeis

charrue

ploeg

ferme - boerderij

faucille

sikkel

pioche

schoffel

fourche

hooivork

hache

bijl

brouette

kruiwagen

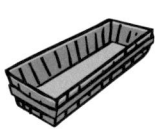

cuve

trog

pot à lait

melkbus

sac

zak

clôture

hek

étable

stal

serre

broeikas

sol

grond

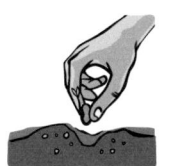

semences

zaad

engrais

mest

moissonneuse-batteuse

maaidorser

récolter

oogsten

récolte

oogst

igname

yam

blé

tarwe

soja

soja

pomme de terre

aardappel

maïs

maïs

colza

koolzaad

arbre fruitier

fruitboom

manioc

maniok

céréales

granen

maison
huis

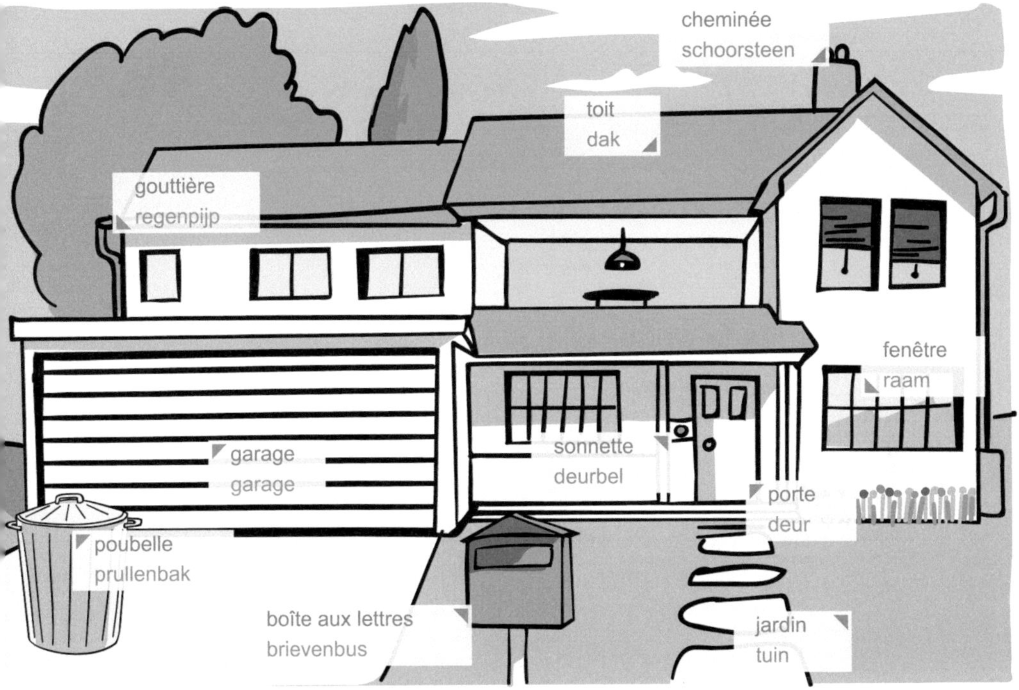
cheminée
schoorsteen
toit
dak
gouttière
regenpijp
fenêtre
raam
sonnette
deurbel
garage
garage
porte
deur
poubelle
prullenbak
boîte aux lettres
brievenbus
jardin
tuin

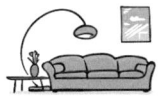

salon

woonkamer

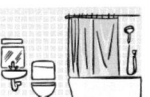

salle de bain

badkamer

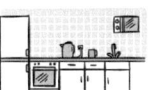

cuisine

keuken

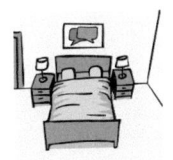

chambre à coucher

slaapkamer

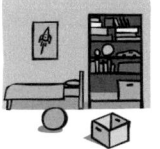

chambre d'enfant

kinderkamer

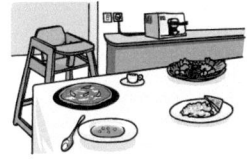

salle à manger

eetkamer

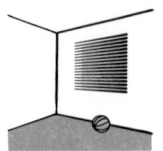

sol
vloer

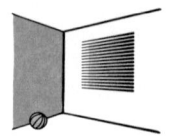

mur
muur

plafond
plafond

cave
kelder

sauna
sauna

balcon
balkon

terrasse
terras

piscine
zwembad

tondeuse à gazon
grasmaaier

housse
laken

couette
bedsprei

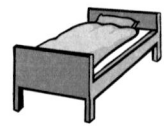

lit
bed

balai
bezem

sceau
emmer

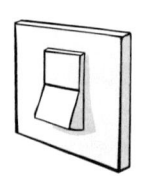

interrupteur
schakelaar

salon
woonkamer

papier peint
behang
image
foto
lampe
lamp
étagère
plank
armoire
kast
télé
televisie
cheminée
open haard
fleur
bloem
coussin
kussen
sofa
bankstel
vase
vaas
télécommande
afstandsbediening

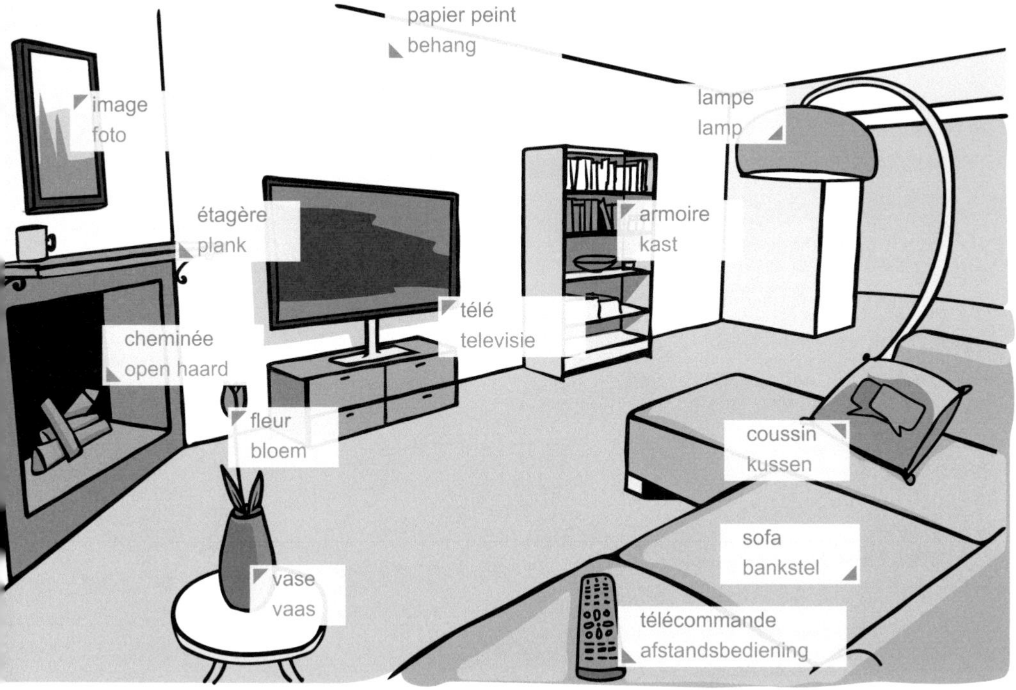

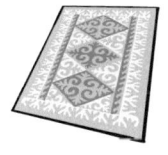

tapis

tapijt

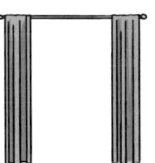

rideau

gordijn

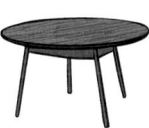

table

tafel

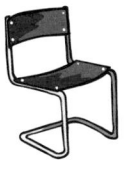

chaise

stoel

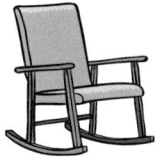

chaise à bascule

schommelstoel

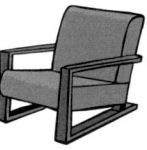

fauteuil

stoel

livre

boek

couverture

deken

décoration

decoratie

bois de chauffage

brandhout

film

film

chaîne hi-fi

stereo-installatie

clé

sleutel

journal

krant

peinture

schilderij

poster

poster

radio

radio

bloc-notes

kladblok

aspirateur

stofzuiger

cactus

cactus

bougie

kaars

cuisine
keuken

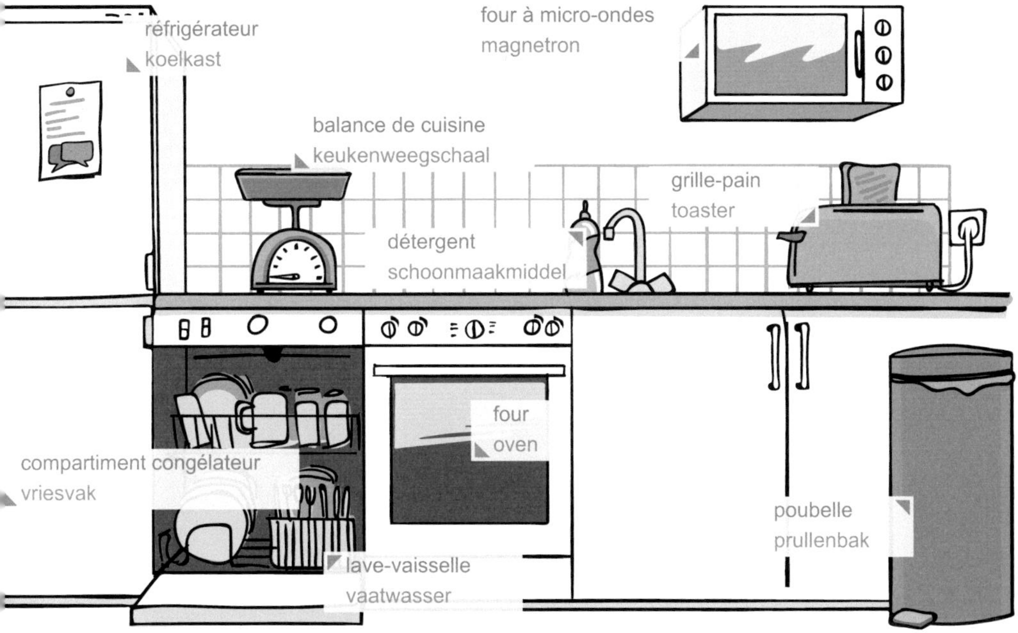

réfrigérateur
koelkast
four à micro-ondes
magnetron
balance de cuisine
keukenweegschaal
grille-pain
toaster
détergent
schoonmaakmiddel
four
oven
compartiment congélateur
vriesvak
poubelle
prullenbak
lave-vaisselle
vaatwasser

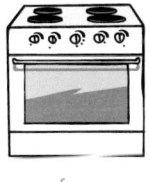

four

fornuis

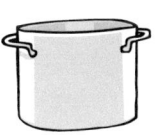

casserole

pan

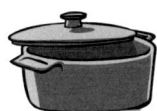

marmite

gietijzeren pan

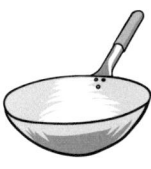

wok / kadai

wok / kadai

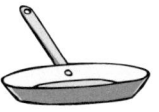

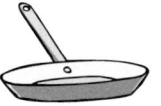

poêle

koekenpan

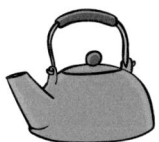

bouilloire electrique

ketel

cuiseur vapeur

stoomkoker

plaque de cuisson

bakplaat

vaisselle

servies

gobelet

beker

coupe

kom

baguettes

eetstokjes

louche

soeplepel

spatule

spatel

fouet

garde

passoire

vergiet

tamis

zeef

râpe

rasp

mortier

vijzel

barbecue

barbecue

cheminée

vuurhaard

planche à découper

snijplank

rouleau à pâtisserie

deegroller

tire-bouchon

kurkentrekker

boîte

blik

ouvre-boîte

blikopener

maniques

pannenlap

lavabo

wasbak

brosse

borstel

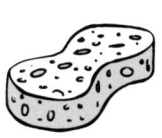

éponge

spons

mixeur

blender

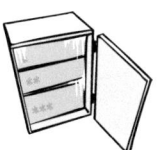

congélateur

vriezer

biberon

babyflesje

robinet

kraan

salle de bain
badkamer

chauffage
verwarming
serviette
handdoek
douche
douche
rideau de douche
douchegordijn
bain moussant
bubbelbad
baignoire
bad
verre
glas
machine à laver
wasmachine
robinet
kraan
carrelage
tegels
pot
potje
lavabo
wasbak

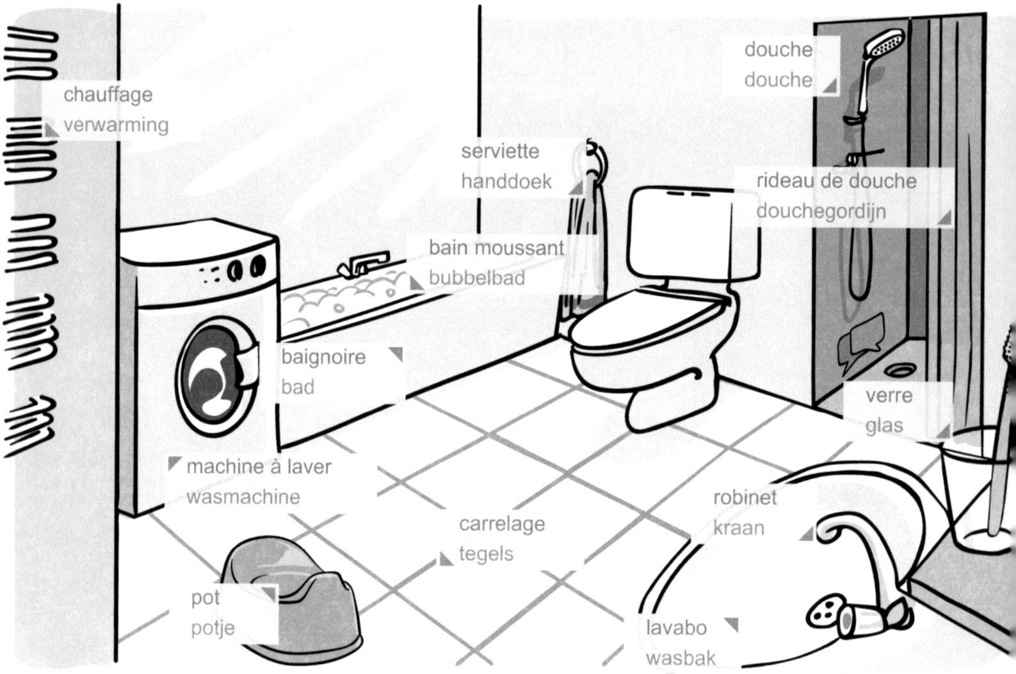

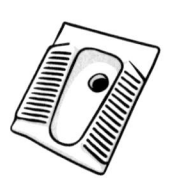

toilettes

toilet

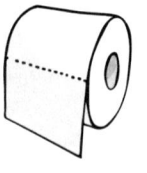

toilette à la turque

hurktoilet

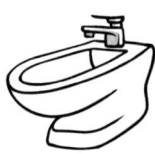

bidet

bidet

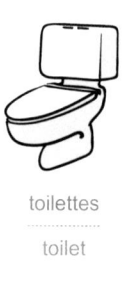

urinoir

urinoir

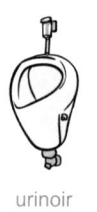

papier toilette

toiletpapier

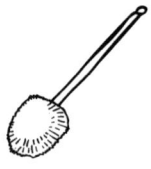

brosse à toilette

toiletborstel

brosse à dents

tandenborstel

dentifrice

tandpasta

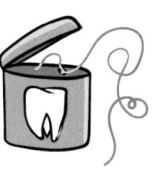

fil dentaire

flosdraad

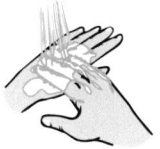

laver

wassen

douche manuelle

handdouche

douche intime

toiletdouche

vasque

waskom

brosse dorsale

rugborstel

savon

zeep

gel douche

douchegel

shampooing

shampoo

gant de toilette

washanje

écoulement

afvoer

crème

creme

déodorant

deodorant

miroir
spiegel

miroir cosmétique
make-upspiegel

rasoir
scheermes

mousse à raser
scheerschuim

après-rasage
aftershave

peigne
kam

brosse
borstel

sèche-cheveux
haardroger

laque pour cheveux
haarspray

fond de teint
make-up

rouge à lèvres
lippenstift

vernis à ongles
nagellak

ouate
watten

coupe-ongles
nagelschaartje

parfum
parfum

trousse de toilette

toilettas

tabouret

kruk

pèse-personne

weegschaal

peignoir

badjas

gants de nettoyage

rubber handschoenen

tampon

tampon

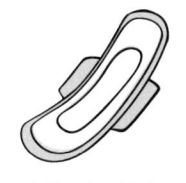

serviettes hygiéniques

maandverband

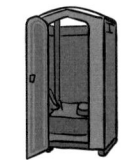

toilette chimique

chemisch toilet

chambre d'enfant

kinderkamer

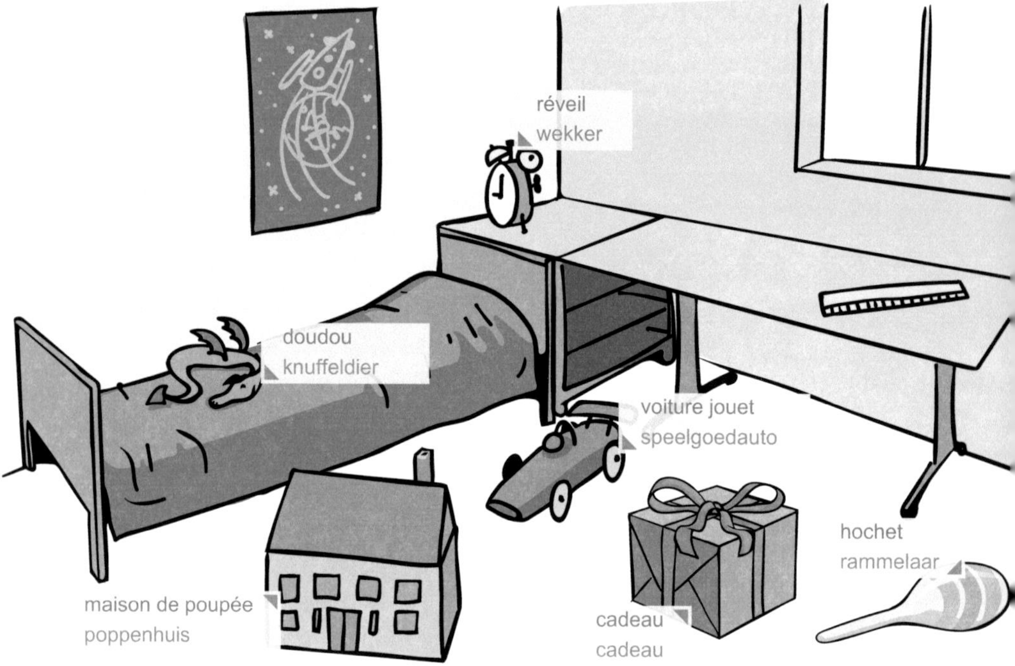

réveil
wekker
doudou
knuffeldier
voiture jouet
speelgoedauto
hochet
rammelaar
maison de poupée
poppenhuis
cadeau
cadeau

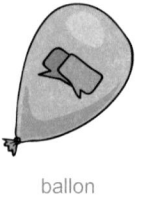

ballon

ballon

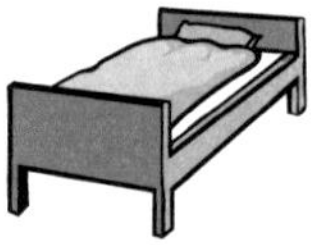

lit

bed

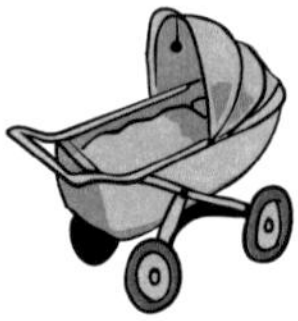

poussette

kinderwagen

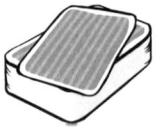

jeu de cartes

kaartspel

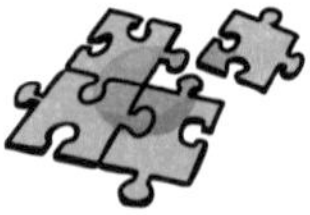

puzzle

puzzel

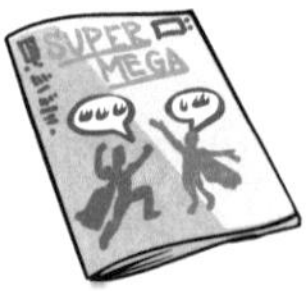

SUPER
MEGA

bande dessinée

stripverhaal

pièces lego

legostenen

blocs de construction

speelgoedblokken

figurine

actiefiguurtje

grenouillère

romper

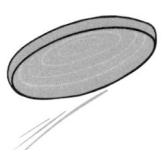

frisbee

frisbee

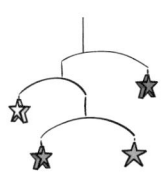

mobile

mobile

jeu de société

bordspel

dé

dobbelsteen

train miniature

modeltrein

sucette

speen

fête

feestje

livre d'images

prentenboek

balle

bal

poupée

pop

jouer

spelen

bac à sable

zandbak

balançoire

schommel

jouets

speelgoed

console de jeu

spelcomputer

tricycle

driewieler

ours en peluche

teddybeer

armoire

kleerkast

vêtements
kleding

chaussettes

sokken

bas

kousen

collant

panty

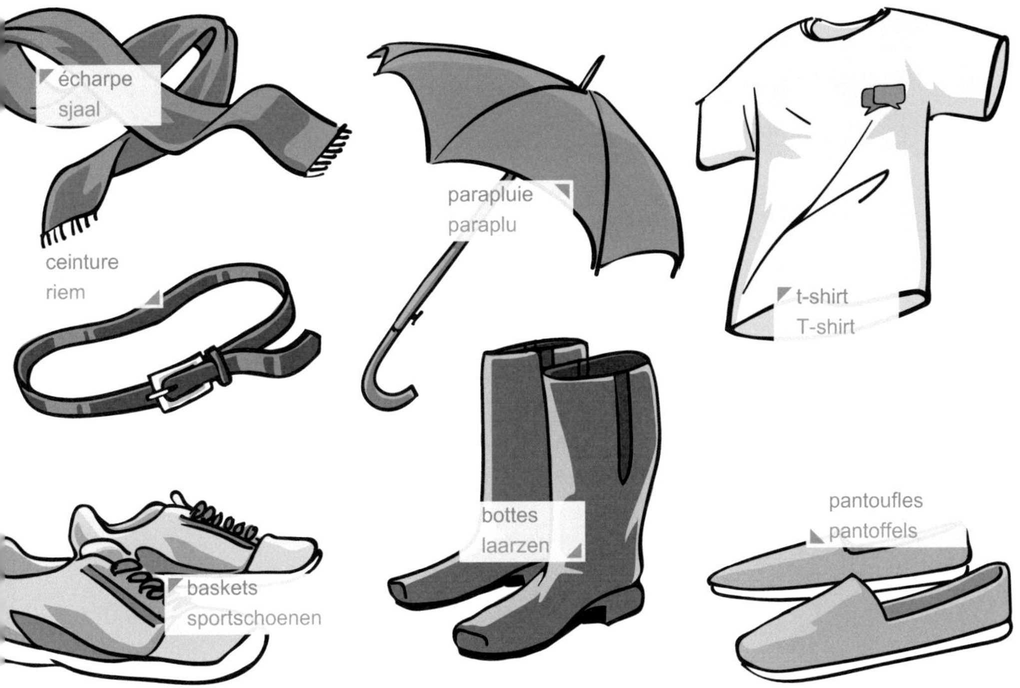

écharpe
sjaal

ceinture
riem

parapluie
paraplu

t-shirt
T-shirt

baskets
sportschoenen

bottes
laarzen

pantoufles
pantoffels

sandales

sandalen

chaussures

schoenen

bottes de caoutchouc

rubberlaarzen

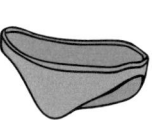

sous-vêtements

onderbroek

soutien-gorge

beha

maillot de corps

onderhemd

body

body

pantalon

broek

jean

spijkerbroek

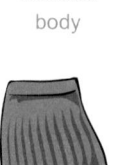

jupe

rok

chemisier

blouse

chemise

overhemd

pull

trui

sweat à capuche

hoody

veste

blazer

veste

jas

manteau

mantel

imperméable

regenjas

costume

kostuum

robe

jurk

robe de mariée

trouwjurk

costume

pak

chemise de nuit

nachthemd

pyjama

pyjama

sari

sari

foulard

hoofddoek

turban

tulband

burqa

boerka

caftan

kaftan

abaya

abaja

maillot de bain

zwempak

maillot de bain

zwembroek

short

korte broek

tenue d'entraînement

trainingspak

tablier

schort

gants

handschoenen

bouton

knoop

lunettes

bril

bracelet

armband

collier

ketting

bague

ring

boucle d'oreille

oorbel

bonnet

pet

cintre

kledinghanger

chapeau

hoed

cravate

stropdas

fermeture éclair

rits

casque

helm

bretelles

bretels

uniforme scolaire

schooluniform

uniforme

uniform

bavoir
slabbetje

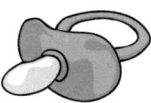

sucette
speen

lange
luier

bureau
kantoor

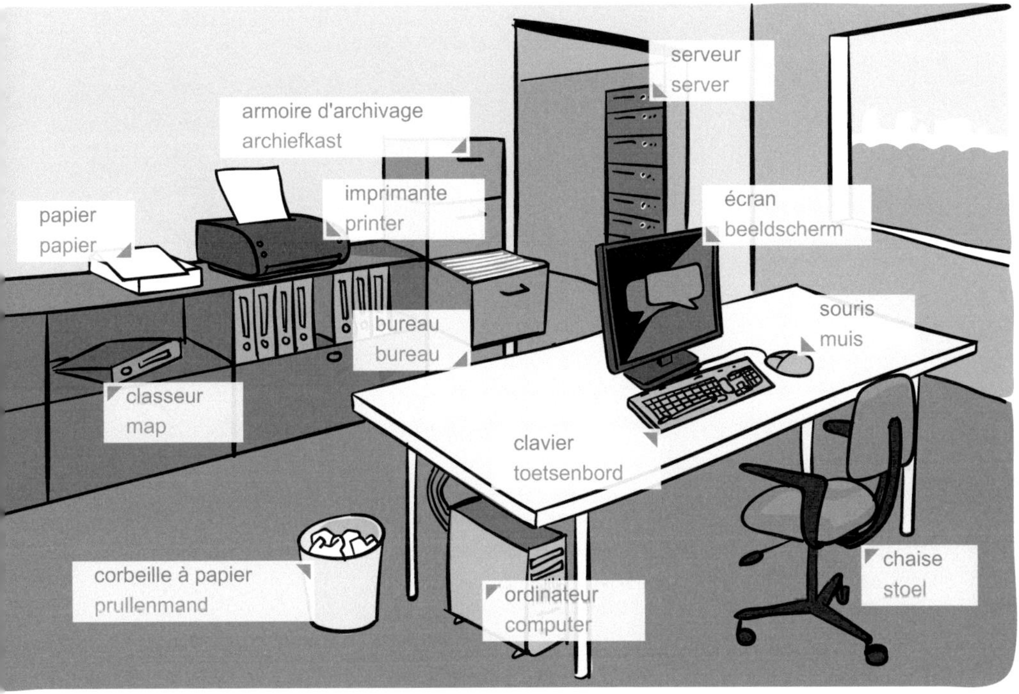

serveur
server

armoire d'archivage
archiefkast

imprimante
printer

écran
beeldscherm

papier
papier

bureau
bureau

souris
muis

classeur
map

clavier
toetsenbord

corbeille à papier
prullenmand

ordinateur
computer

chaise
stoel

tasse de café
koffiemok

calculatrice
rekenmachine

internet
internet

ordinateur portable

laptop

lettre

brief

message

bericht

portable

mobiele telefoon

réseau

netwerk

photocopieuse

kopieermachine

logiciel

software

téléphone

telefoon

prise

stopcontact

fax

fax

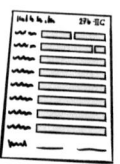

formulaire

formulier

document

document

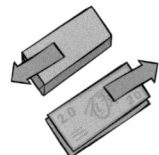

acheter

kopen

payer

betalen

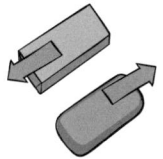

faire du commerce

handel drijven

monnaie

geld

 **USD**

dollar

dollar

 **EUR**

euro

euro

 **JPY**

yen

yen

 **RUB**

rouble

roebel

 CHF

franc suisse

Zwitserse frank

CNY

renminbi yuan

renminbi yuan

 **INR**

roupie

roepie

distributeur automatique

geldautomaat

bureau de change

wisselkantoor

or

goud

argent

zilver

pétrole

olie

énergie

energie

prix

prijs

contrat

contract

taxe

belasting

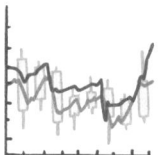

action

aandeel

travailler

werken

employé

werknemer

employeur

werkgever

usine

fabriek

magasin

winkel

professions
beroepen

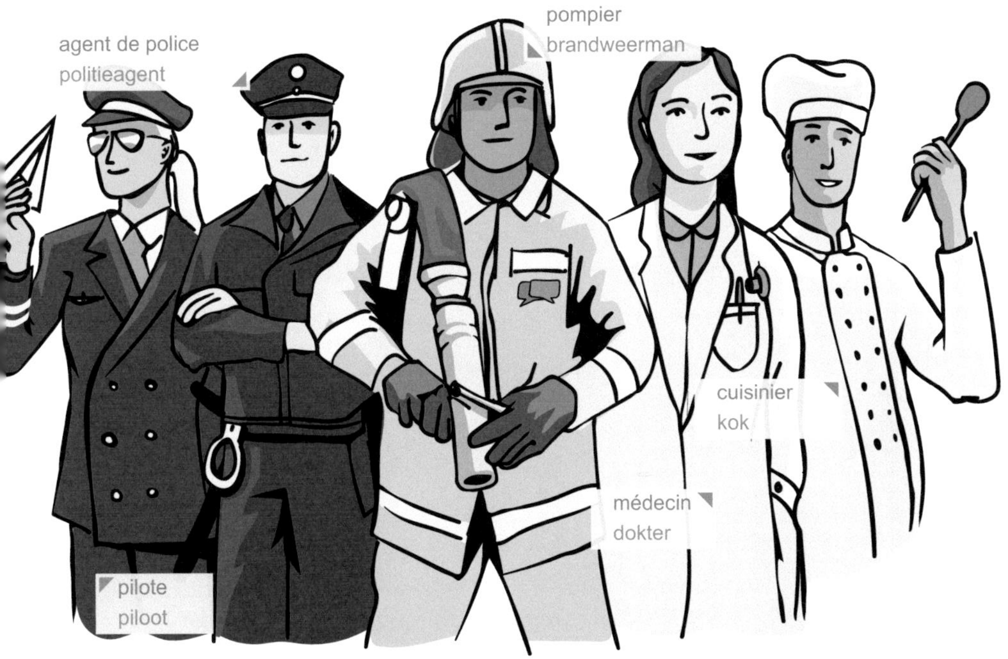

pompier
brandweerman
agent de police
politieagent
cuisinier
kok
médecin
dokter
pilote
piloot

jardinier

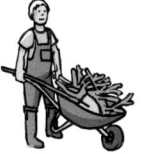

tuinman

menuisier

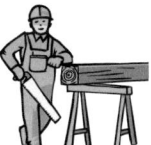

timmerman

couturière

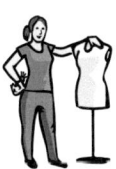

naaister

juge

rechter

chimiste

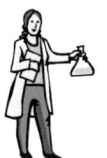

scheikundige

acteur

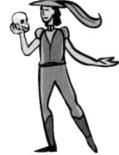

toneelspeler

conducteur de bus

buschauffeur

chauffeur de taxi

taxichauffeur

pêcheur

visser

femme de ménage

schoonmaakster

couvreur

dakdekker

serveur

ober

chasseur

jager

peintre

schilder

boulanger

bakker

électricien

elektricien

ouvrier

bouwvakker

ingénieur

ingenieur

boucher

slager

plombier

loodgieter

facteur

postbode

soldat

soldaat

architecte

architect

caissier

kassier

fleuriste

bloemist

coiffeur

kapper

contrôleur

conducteur

mécanicien

monteur

capitaine

kapitein

dentiste

tandarts

scientifique

wetenschapper

rabbin

rabbi

imam

imam

moine

monnik

prêtre

pastoor

outils
gereedschap

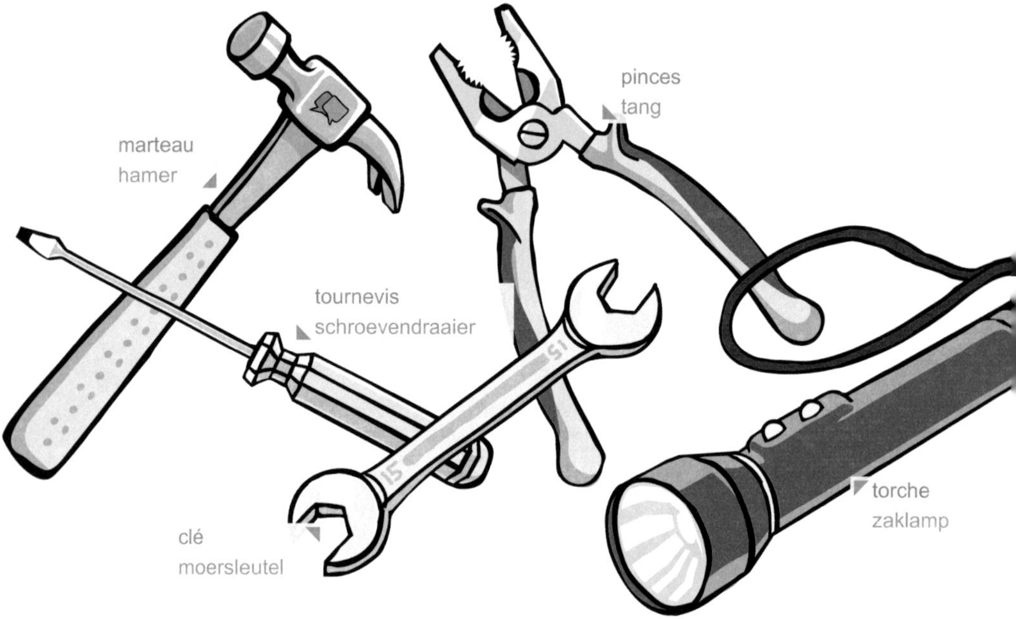
pinces
tang
marteau
hamer
tournevis
schroevendraaier
torche
zaklamp
clé
moersleutel

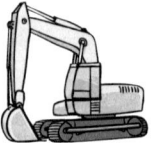

pelleteuse

graafmachine

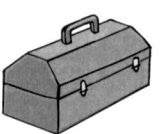

boîte à outils

gereedschapskist

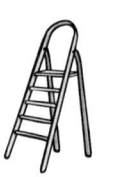

échelle

ladder

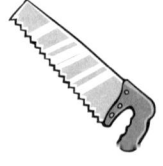

scie

zaag

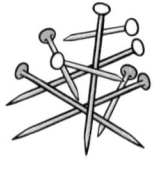

clous

spijkers

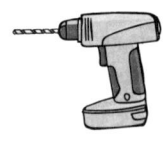

perceuse

boor

réparer

repareren

pelle

schep

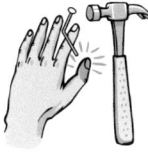

Mince !

Verdorie!

pelle

stofblik

pot de peinture

verfpot

vis

schroeven

instruments de musique
muziekinstrumenten

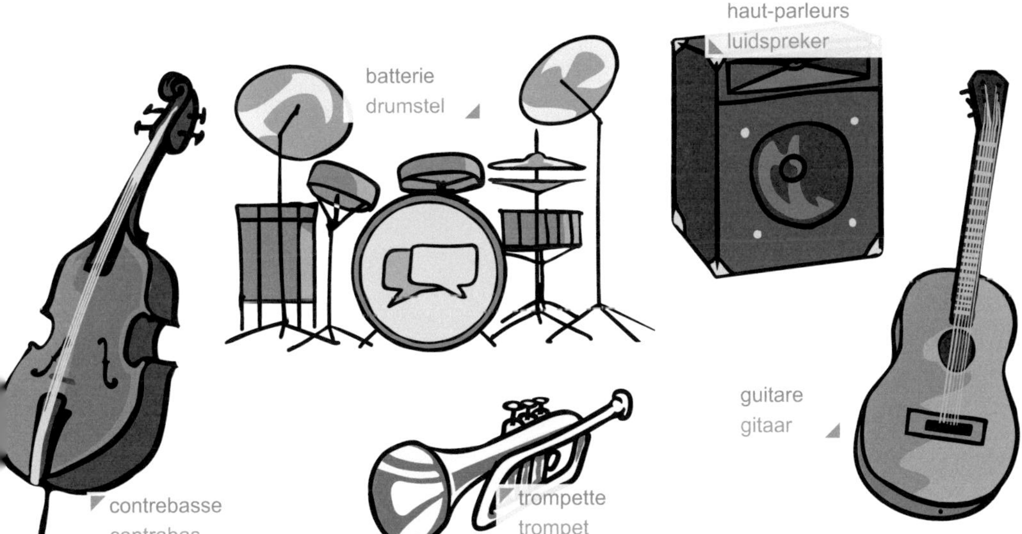

haut-parleurs
luidspreker

batterie
drumstel

guitare
gitaar

contrebasse
contrabas

trompette
trompet

piano
piano

violon
viool

basse
bas

timbales
pauk

tambour
trommel

piano électrique
keyboard

saxophone
saxofoon

flûte
fluit

microphone
microfoon

zoo
dierentuin

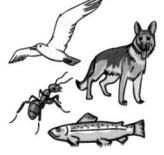

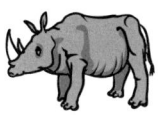

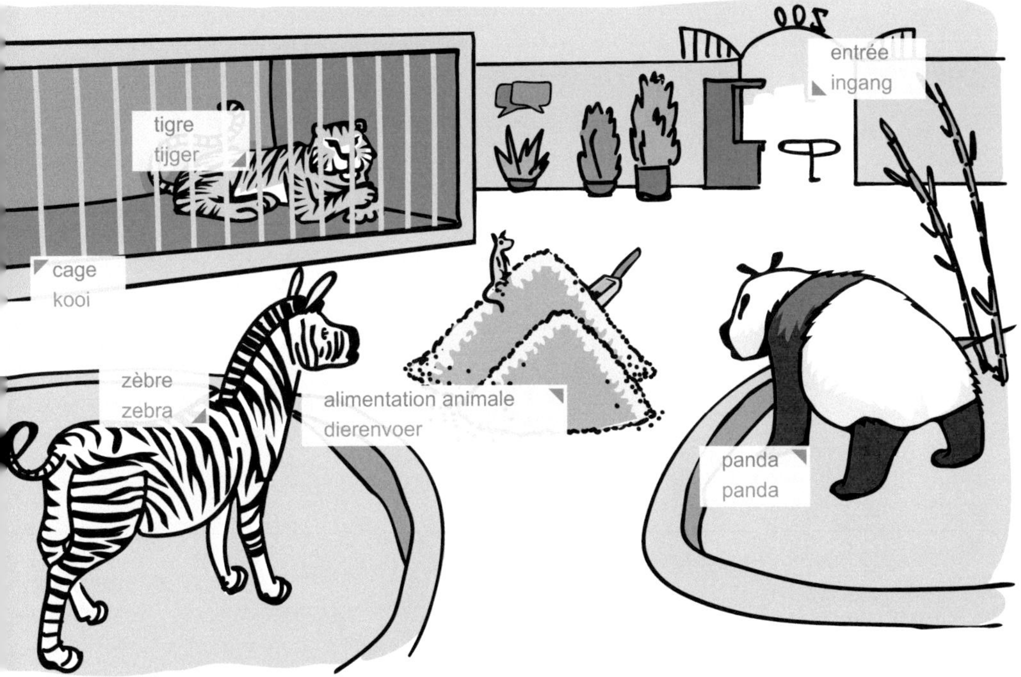
zoo
entrée
ingang
tigre
tijger
cage
kooi
zèbre
zebra
alimentation animale
dierenvoer
panda
panda

animaux
dieren

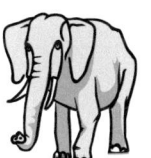

éléphant
olifant

kangourou
kangoeroe

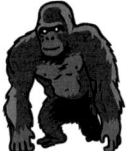

rhinocéros
neushoorn

gorille
gorilla

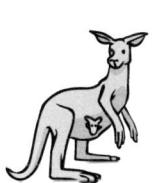

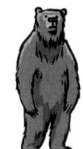

ours
beer

chameau

kameel

autruche

struisvogel

lion

leeuw

singe

aap

flamand rose

flamingo

perroquet

papegaai

ours polaire

ijsbeer

pingouin

pinguïn

requin

haai

paon

pauw

serpent

slang

crocodile

krokodil

gardien de zoo

dierenverzorger

phoque

zeehond

jaguar

jaguar

zoo - dierentuin

poney
pony

léopard
luipaard

hippopotame
nijlpaard

girafe
giraffe

aigle
adelaar

sanglier
wild zwijn

poisson
vis

tortue
schildpad

morse
walrus

renard
vos

gazelle
gazelle

american Football
American football

cyclisme
wielrennen

tennis
tennis

basket-ball
basketbal

natation
zwemmen

boxe
boksen

hockey sur glace
ijshockey

football
voetbal

badminton
badminton

athlétisme
atletiek

handball
handbal

ski
skiën

polo
polo

rire
lachen

sauter
springen

embrasser
knuffelen

marcher
lopen

chanter
zingen

rêver
dromen

prier
bidden

faire la bise
kussen

écrire
schrijven

dessiner
tekenen

montrer
tonen

pousser
duwen

donner
geven

prendre
oppakken

avoir
hebben

faire
doen

être
zijn

être debout
staan

courir
rennen

trier
trekken

jeter
gooien

tomber
vallen

être couché
liggen

attendre
wachten

porter
dragen

être assis
zitten

s'habiller
aankleden

dormir
slapen

se réveiller
wakker worden

regarder

bekijken

pleurer

huilen

caresser

strelen

peigner

kammen

parler

praten

comprendre

begrijpen

demander

vragen

écouter

horen

boire

drinken

manger

eten

ranger

opruimen

aimer

houden van

cuire

koken

conduire

rijden

voler

vliegen

faire de la voile

zeilen

calculer

rekenen

lire

lezen

apprendre

leren

travailler

werken

se marier

trouwen

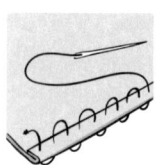

coudre

naaien

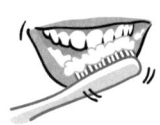

brosser les dents

tandenpoetsen

tuer

doden

fumer

roken

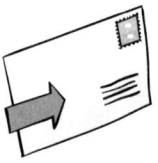

envoyer

verzenden

grand-mère
grootmoeder

grand-père
grootvader

père
vader

mère
moeder

bébé
baby

fille
dochter

fils
zoon

hôte

gast

tante

tante

oncle

oom

frère

broer

sœur

zus

corps
lichaam

front
voorhoofd
œil
oog
épaule
schouder
doigt
vinger
visage
gezicht
menton
kin
main
hand
jambe
been
poitrine
borst
bras
arm

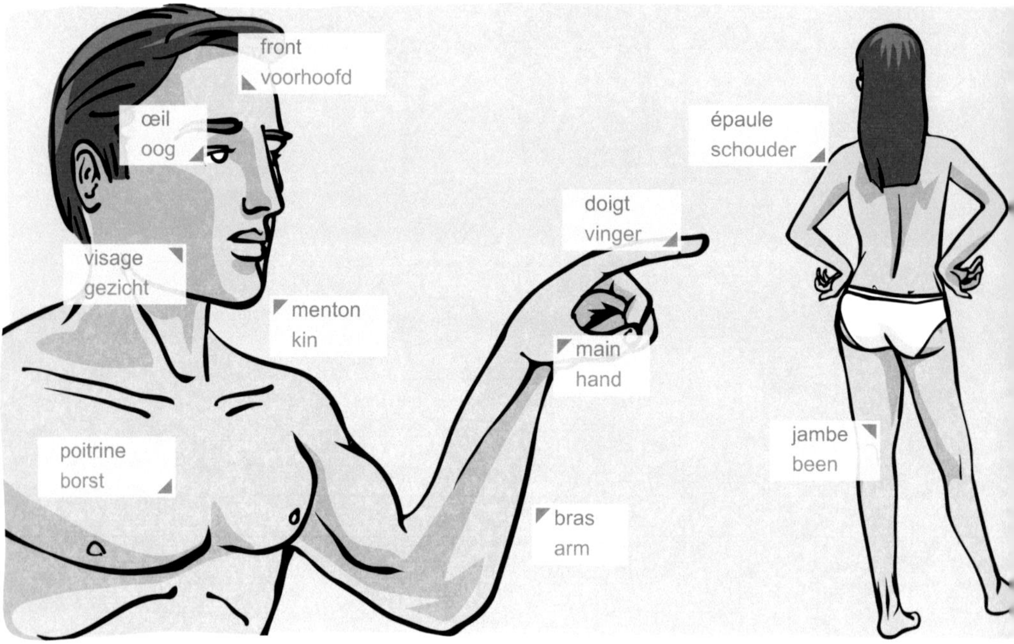

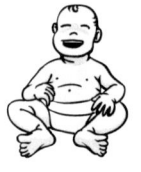

bébé

baby

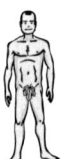

homme

man

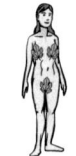

femme

vrouw

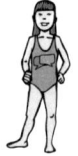

fille

meisje

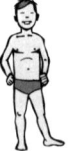

garçon

jongen

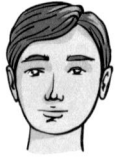

tête

hoofd

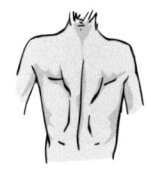

dos

rug

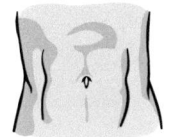

ventre

buik

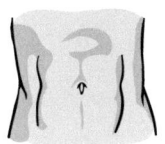

nombril

navel

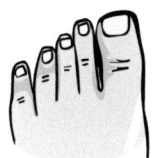

orteil

teen

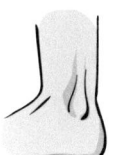

talon

hiel

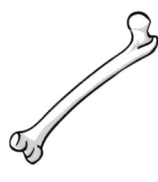

os

bot

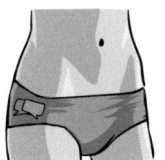

hanche

heup

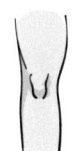

genou

knie

coude

elleboog

nez

neus

fesses

achterwerk

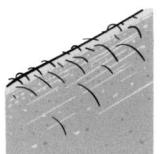

peau

huid

joue

wang

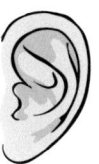

oreille

oor

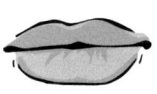

lèvre

lippen

bouche

mond

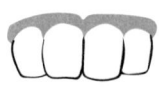

dent

tand

langue

tong

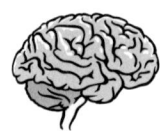

cerveau

hersenen

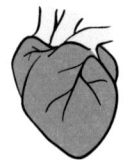

cœur

hart

muscle

spier

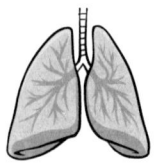

poumons

long

foie

lever

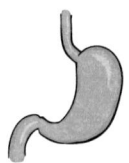

estomac

maag

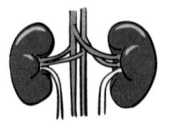

reins

nieren

rapport sexuel

geslachtsgemeenschap

préservatif

condoom

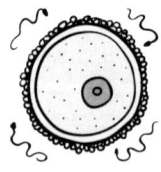

ovule

eicel

sperme

sperma

grossesse

zwangerschap

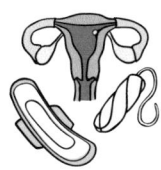

menstruation

menstruatie

vagin

vagina

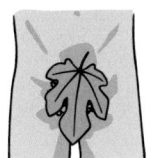

pénis

penis

sourcil

wenkbrauw

cheveux

haar

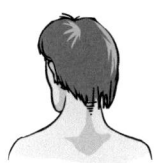

cou

hals

hôpital
ziekenhuis

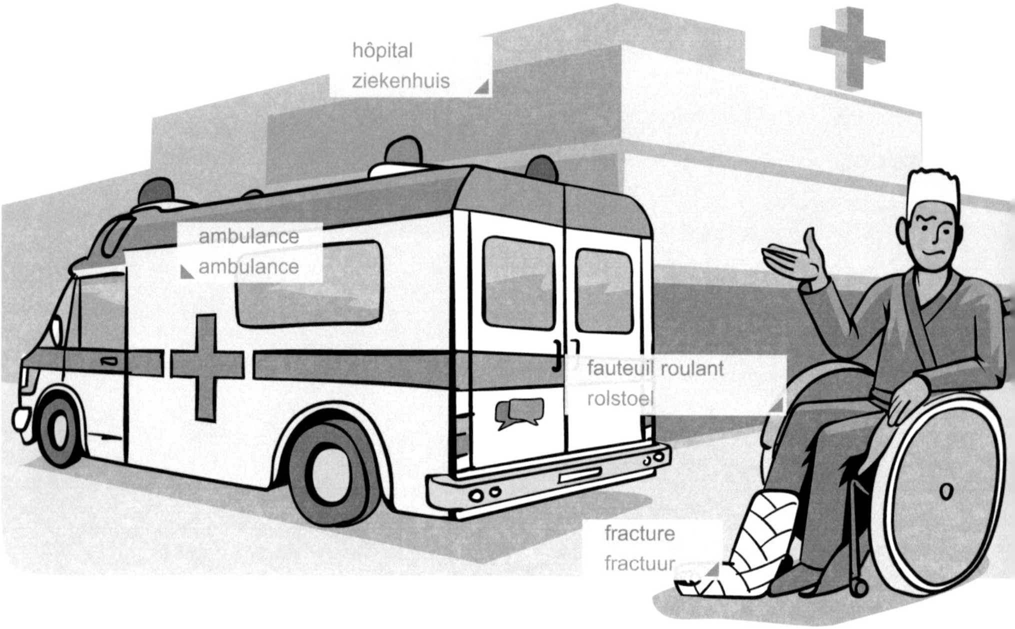

hôpital
ziekenhuis
ambulance
ambulance
fauteuil roulant
rolstoel
fracture
fractuur

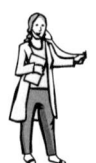

médecin

dokter

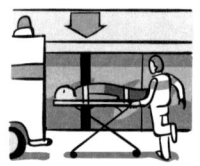

service des urgences

EHBO

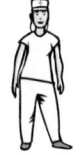

infirmière

verpleegster

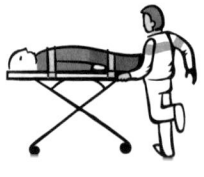

urgence

noodgeval

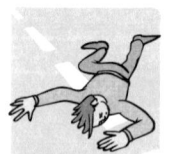

inconscient

bewusteloos

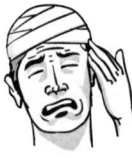

douleur

pijn

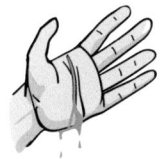

blessure

verwonding

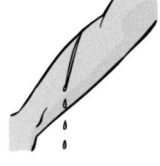

hémorragie

bloeding

crise cardiaque

hartaanval

attaque cérébrale

beroerte

allergie

allergie

toux

hoest

fièvre

koorts

grippe

griep

diarrhée

diarree

mal de tête

hoofdpijn

cancer

kanker

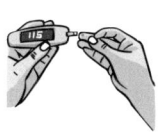

diabète

diabetes

chirurgien

chirurg

scalpel

scalpel

opération

operatie

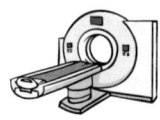

CT

CT

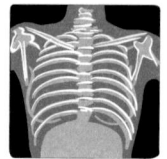

radiographie

röntgen

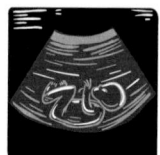

échographie

echografie

masque

gezichtsmasker

maladie

ziekte

salle d'attente

wachtkamer

béquille

kruk

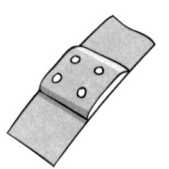

pansement

pleister

pansement

verband

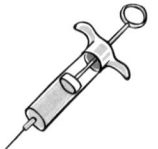

injection

injectie

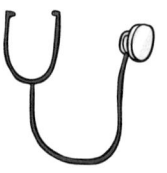

stéthoscope

stethoscoop

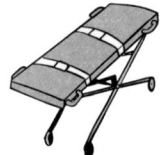

brancard

brancard

thermomètre

thermometer

accouchement

geboorte

surcharge pondérale

overgewicht

hôpital - ziekenhuis

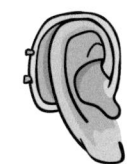

appareil auditif

gehoorapparaat

désinfectant

ontsmettingsmiddel

infection

infectie

virus

virus

VIH / sida

HIV / AIDS

médicament

medicijn

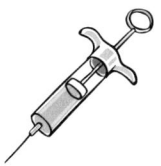

vaccination

inenting

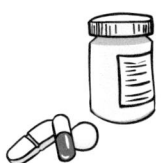

comprimés

tabletten

pilule

pil

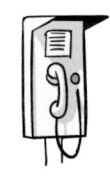

appel d'urgence

alarmnummer

tensiomètre

bloeddrukmeter

malade / sain

ziek / gezond

Au secours !

Help!

alarme

alarm

assaut

overval

attaque

aanval

danger

gevaar

sortie de secours

nooduitgang

Au feu!

Brand!

extincteur

brandblusser

accident

ongeluk

trousse de premier secours

EHBO-koffer

SOS

SOS

police

politie

Europe

Europa

Amérique du Nord

Noord-Amerika

Amérique du Sud

Zuid-Amerika

Afrique

Afrika

Asie

Azië

Australie

Australië

Océan atlantique

Atlantische Oceaan

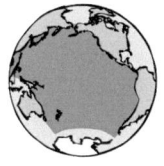

Océan pacifique

Stille Oceaan

Océan indien

Indische Oceaan

Océan antarctique

Zuidelijke Oceaan

Océan arctique

Noordelijke IJszee

pôle nord

Noordpool

pôle sud

Zuidpool

Antarctique

Antarctica

terre

aarde

pays

land

mer

zee

île

eiland

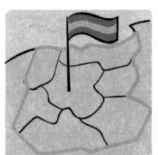

nation

natie

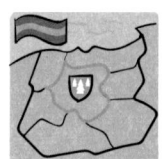

état

staat

cadran

wijzerplaat

aiguille des heures

uurwijzer

aiguille des minutes

minutenwijzer

aiguille des secondes

secondewijzer

Quelle heure est-il ?

Hoe laat is het?

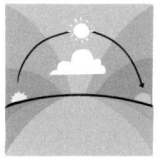

jour

dag

temps

tijd

maintenant

nu

montre digitale

digitaal horloge

minute

minuut

heure

uur

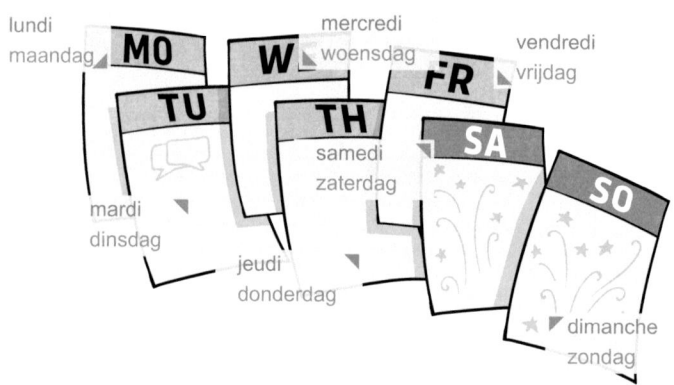

lundi / maandag
mardi / dinsdag
mercredi / woensdag
jeudi / donderdag
vendredi / vrijdag
samedi / zaterdag
dimanche / zondag

hier
gisteren

aujourd'hui
vandaag

demain
morgen

matin
ochtend

midi
middag

soir
avond

MO	TU	WE	TH	FR	SA	SU
1	2	3	4	5	6	7
8	9	10	11	12	13	14
15	16	17	18	19	20	21
22	23	24	25	26	27	28
29	30	31	1	2	3	4

jours ouvrables
werkdagen

MO	TU	WE	TH	FR	SA	SU
1	2	3	4	5	6	7
8	9	10	11	12	13	14
15	16	17	18	19	20	21
22	23	24	25	26	27	28
29	30	31	1	2	3	4

week-end
weekend

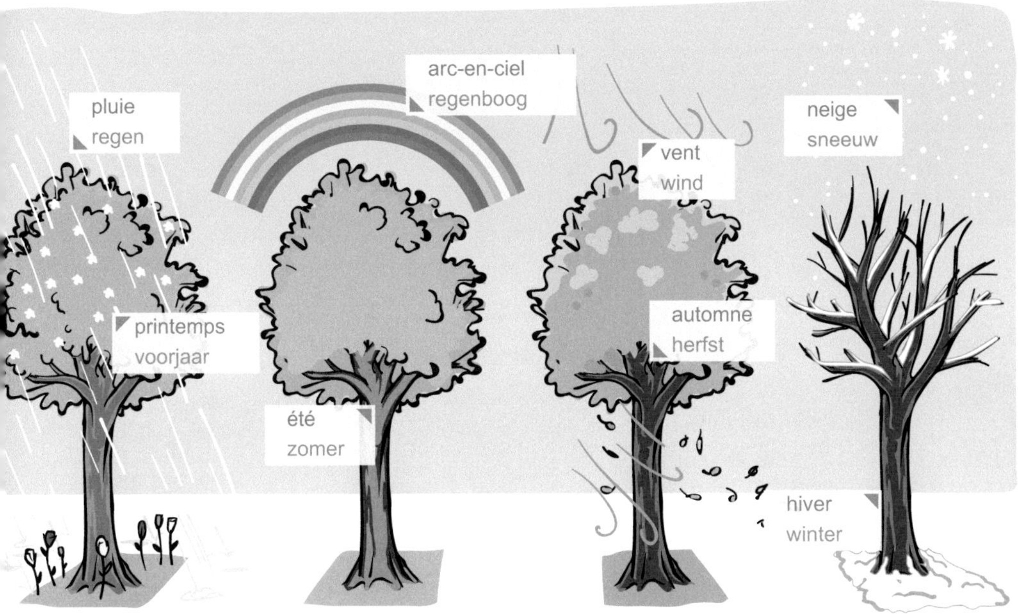

pluie
regen

arc-en-ciel
regenboog

neige
sneeuw

vent
wind

printemps
voorjaar

automne
herfst

été
zomer

hiver
winter

météo

weerbericht

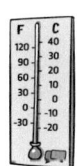

thermomètre

thermometer

lumière du soleil

zonneschijn

nuage

wolk

brouillard

mist

humidité

luchtvochtigheid

foudre

bliksem

tonnerre

donder

tempête

storm

grêle

hagel

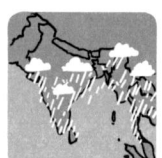

mousson

moesson

inondation

overstroming

glace

ijs

janvier

januari

février

februari

mars

maart

avril

april

mai

mei

juin

juni

juillet

juli

août

augustus

82   année - jaar

septembre

september

octobre

oktober

novembre

november

décembre

december

formes
vormen

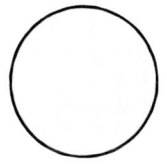

cercle

cirkel

carré

vierkant

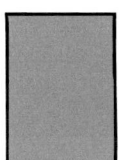

rectangle

rechthoek

triangle

driehoek

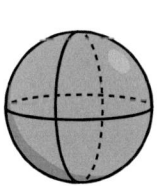

sphère

bol

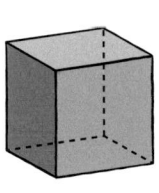

cube

kubus

blanc

wit

jaune

geel

orange

oranje

rose

roze

rouge

rood

violet

paars

bleu

blauw

vert

groen

marron

bruin

gris

grijs

noir

zwart

beaucoup / peu

veel / weinig

fâché / calme

boos / rustig

joli / laid

mooi / lelijk

début / fin

begin / einde

grand / petit

groot / klein

clair / obscure

licht / donker

frère / soeur

broer / zus

propre / sale

schoon / vies

complet / incomplet

volledig / onvolledig

jour / nuit

dag/ nacht

mort / vivant

dood / levend

large / étroit

breed / smal

comestible / incomestible

eetbaar / oneetbaar

méchant / gentil

gemeen / aardig

excité / ennuyé

opgewonden / verveeld

gros / mince

dik / dun

premier / dernier

eerste / laatste

ami / ennemi

vriend / vijand

plein / vide

vol / leeg

dur / souple

hard / zacht

lourd / léger

zwaar / licht

faim / soif

honger / dorst

malade / sain

ziek / gezond

illégal / légal

illegaal / legaal

intelligent / stupide

intelligent / dom

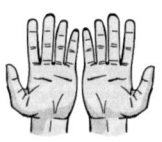

gauche / droite

links / rechts

proche / loin

dichtbij / ver

nouveau / usé
nieuw / gebruikt

rien / quelque chose
niets / iets

vieux / jeune
oud / jong

marche / arrêt
aan / uit

ouvert / fermé
open / gesloten

faible / fort
zacht / luid

riche / pauvre
rijk / arm

correct / incorrect
goed / fout

rugueux / lisse
ruw / glad

triste / heureux
verdrietig / gelukkig

court / long
kort / lang

lent / rapide
langzaam / snel

mouillé / sec
nat / droog

chaud / froid
warm / koel

guerre / paix
oorlog / vrede

0

zéro
nul

1

un / une
één

2

deux
twee

3

trois
drie

4

quatre
vier

5

cinq
vijf

6

six
zes

7

sept
zeven

8

huit
acht

9

neuf
negen

10

dix
tien

11

onze
elf

12

douze
twaalf

13

treize
dertien

14

quatorze
veertien

15

quinze
vijftien

16

seize
zestien

17

dix-sept
zeventien

18

dix-huit
achttien

19

dix-neuf
negentien

20

vingt
twintig

100

cent
honderd

1.000

mille
duizend

1.000.000

million
miljoen

anglais

Engels

anglais américain

Amerikaans Engels

chinois mandarin

Chinees Mandarijn

hindi

Hindi

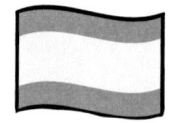

espagnol

Spaans

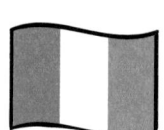

français

Frans

arabe

Arabisch

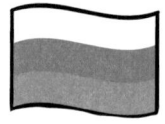

russe

Russisch

portugais

Portugees

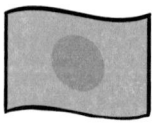

bengali

Bengalees

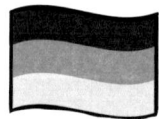

allemand

Duits

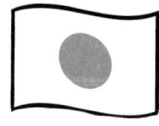

japonais

Japans

je
ik

tu
jij

il / elle / ce, c', cela
hij / zij / het

nous
wij

vous
jullie

ils / elles
zij

Qui ?
wie?

Quoi ?
wat?

Comment ?
hoe?

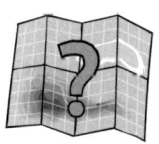

Où ?
waar?

Quand ?
wanneer?

nom
naam

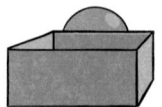

derrière
....
achter

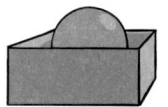

dans
....
in

devant
....
voor

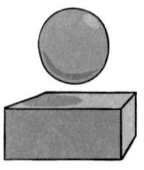

au-dessus
....
boven

sur
....
op

en-dessous
....
onder

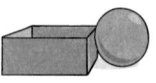

à côté de
....
naast

entre
....
tussen

lieu
....
plaats